ABC der Tiere
Schreiblehrgang
Lateinische Ausgangsschrift

Herausgegeben von
Klaus Kuhn

Erarbeitet von
Klaus Kuhn
Kerstin Mrowka-Nienstedt

Illustriert von
Heike Treiber

Name: _____

Klasse: _____

Inhalt

Bildquellenverzeichnis

Fotolia.com: S. 4: Hand © Denys Prykhodov; S. 4: Hund, S. 20: Rabe, S. 34: Papagei, S. 38: Pfau, S. 38: Feuer, S. 38: Pferd, S. 44: Yak, S. 44: Pony, S. 49: Fuchs, S. 49: Ochse, S. 49: Luchs © Eric Isselée; S. 4, 17: Sonne: © pixbox77; S. 4, 5: Kanne 1 © Zbyszek Nowak; S. 4: Insel © Banana Republic; S. 4: Pinsel © Antonin Spacek; S. 4, 5, 14: Tonne © fefufoto; S. 4, 5, 14: Tanne © lina27; S. 5: Kanne 2 © claverinza; S. 5: Badewannen © Tombaky; S. 6: Tunnel, S. 6 © hxdyl - Fotolia.com; S. 7: Hammer, S. 18: Tasse © Schwoab; S. 7: Hummer © Edward Westmacott; S. 7: Trommel © taviphoto; S. 7: Himmel © Nenov Brothers; S. 6: Bälle © Africa Studio; S. 6: Wolle © ksena32; S. 6: Füller © effe45; S. 10: Salami © Igor Normann; S. 10: Mama © Serhiy Kobyakov; S. 10, 17: Salat © Pixelspieler; S. 10: Lama © dmitriy_rnd; S. 11: Auge © Doreen Salcher; S. 11: Auto © Rawpixel; S. 11: Maus © Pakhnyushchyy; S. 11: blau (Farbe) © robodread; S. 24: Tasche © andrewburgess; S. 20: Brille © Stauke; S. 14: Tinte: © Armin Staudt; S. 14: Tante © Blend Images; S. 15: Nest © mekcar; S. 15, 18: Nase © Wolfgang Zwanzger; S. 15: Nagel © Edler von Rabenstein; S. 15: Nüsse © mates; S. 17: Sand © mrks_v - Fotolia.com; S.17: Tafel © Graphiste-J - Fotolia.com; S. 18: Sessel © torsakarin; S. 18: Dose © GoldPix; S. 20: Birne © atoss; S. 20: Tube © FirstBlood; S. 23: Chor © shootingankauf; S. 23: Dach © maho; S. 24: Schlitten © Zsolt Fulop; S. 24: Schere © dulsita; S. 25: Esel © Rostislav Ageev; S. 25: Elch © freshidea; S. 25: Emu © AVD; S. 25: Ente © shishiga; S. 27: Euro © Teteline; S. 27: Scheune © winterthur100; S. 28: Leute © Rawpixel; S. 28: Leiter © Kaarsten; S. 34: Pappkarton © picsfive; S. 34: Raupe © Fotofermer; S. 37: Frau © contrastwerkstatt; S. 37: Schiffe © Martina Misar; S. 38: Pfeife © Denys Rudyi; S. 38: Kopf © pete pahham; S. 38: Pfanne © magraphics.eu; S. 38: Fisch © Witold Krasowski; S. 38: Fliege © rcfotostock; S. 44: Yoga © Tran-Photography; S. 44: Baby © Nik; S. 46: Aquarium © stern_et; S. 46: Qualm © Carola Vahldiek; S. 48: Soße © Inga Nielsen - Fotolia.com; S. 48: Strauss © scaliger - Fotolia.com; S. 49: Dachs © Luxe; S. 49: Achse © fantasy

iStockphoto.com: S. 49: Lachs © saiko3p

Mildenberger Verlag: S. 28: Laterne; S. 46: Quadrat; S. 46: Quark

In der Klasse

1. Male gleiche Namensschilder mit derselben Farbe an.
2. Was fällt bei den Namen auf? Sprich mit anderen darüber.

1. *n n n n n n*

n n n n n n

n n n n

n n

2.

 Hand — *Hand*

 Hund — *Hund*

 Sonne — *Sonne*

 Kanne — *Kanne*

 Insel — *Insel*

 Pinsel — *Pinsel*

Tonne — *Tonne*

 Tanne — *Tanne*

nun *nun nun*   nein *nein nein*

3. *rennen kennen nennen*

1. Nachspuren und schreiben
2. Nachspuren, bei zweisilbigen Wörtern mit zwei Farben
3. Nachspuren und mit zwei Farben schreiben

l

1.

l l l l l l l l

e

l l l l l l l l l l l l

l l l l l l . . . l

l l l . . . l

en en en en en . . . en

2.

Tan**nen**

Tannen

Ton**nen**

Tonnen

Kan**nen**

Kannen

Wan**nen**

Wannen

ren**nen**

ren**nen** *rennen*

kön**nen**

kön**nen** *können*

nen**nen**

nen**nen** *nennen*

bren**nen**

bren**nen** *brennen*

3.

*neun Sonne ge**winnen***

1. Nachspuren und schreiben
2. Zweisilbige Wörter mit zwei Farben nachspuren
3. Nachspuren, bei mehrsilbigen Wörtern mit zwei Farben

5

1.

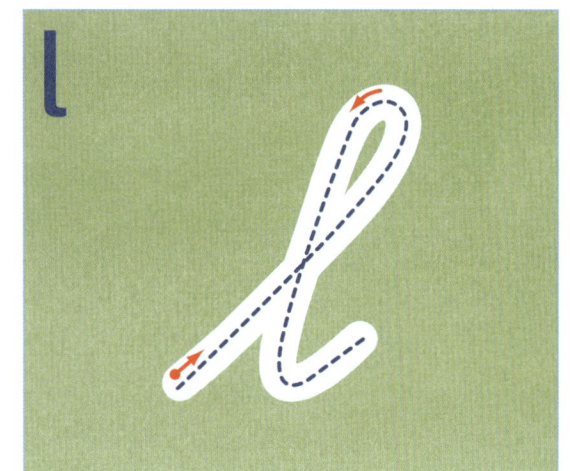

l l l l l l l

l l l l . . l

l l . l . . l

Was fällt dir auf?

2. *le le le le . . . le*

3. *le le le le . . le*

len len len . . len

4.

Bälle *Bälle*

Tunnel *Tunnel*

Wolle *Wolle*

Füller *Füller*

bellen *bellen*

rollen *rollen*

1. Nachspuren und schreiben
2. Nachspuren und schreiben
3. Nachspuren und schreiben
4. Mit zwei Farben nachspuren

1.

m · m · m · m · m

m · m · · · · m

me · me · · me

men · men · men · · men

2.

Hammer
Hammer

Trommel
Trommel

Hummer
Hummer

Himmel
Himmel

kommen
kommen **kommen**

kämmen
kämmen **kämmen**

summen
summen **summen**

brummen
brummen **brummen**

3.
Lämmer rennen schnell.

1. Nachspuren und schreiben
2. Mit zwei Farben nachspuren
3. Nachspuren, bei zweisilbigen Wörtern mit zwei Farben

7

1.

2.

3.

im

um

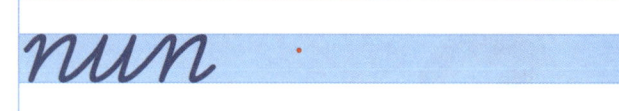

in

nun

Him**mel**

Hum**mel**

4. im oder um? Vergleiche mit einem Partner.

1. Nachspuren und schreiben
2. Nachspuren und schreiben
3. Nachspuren und schreiben
4. „im" oder „um" passend schreiben und mit einem Partner vergleichen

8

O o

1.

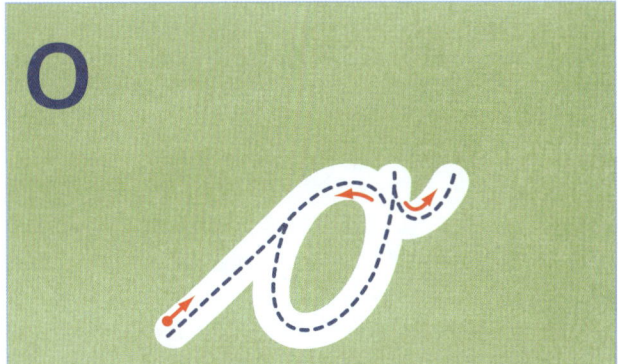

 **2.**

O**mi**

Li**mo**

Mi**o**

Li**lo**

Me**mo**

Ti**mo**

rol**len**

woll**en**

3. *Mio will Limo.*

1. Nachspuren und schreiben
2. Mit zwei Farben nachspuren
3. Mit zwei Farben nachspuren

1. A A A A A

A

a

A A A A A   a a a a a

A.   A   ma ma ma

2.

Salami

Salami

Salat

Salat

Mama

Mama

Lama

Lama

3. Aal   Aal

Aal Aal   Aal

Ali   Ali

Ali Ali   Ali

 **4.** Alle malen Oma.

1. Nachspuren und schreiben
2. Mit zwei Farben nachspuren
3. Nachspuren und schreiben, bei zweisilbigen Wörtern mit zwei Farben
4. In Schreibschrift mit zwei Farben schreiben

1.

Au

au

| Au Au Au | au ____ au |

| Au ____ Au | mau ____ mau |

2.

Auge

Auge

Maus

Maus

Auto

Auto

blau

blau

3. Aula

Aula

Aula

miau

miau

miau

lau

lau

lau

1. Nachspuren und schreiben
2. Zweisilbige Wörter mit zwei Farben nachspuren
3. Nachspuren und schreiben, bei zweisilbigen Wörtern mit zwei Farben

11

D d

1.

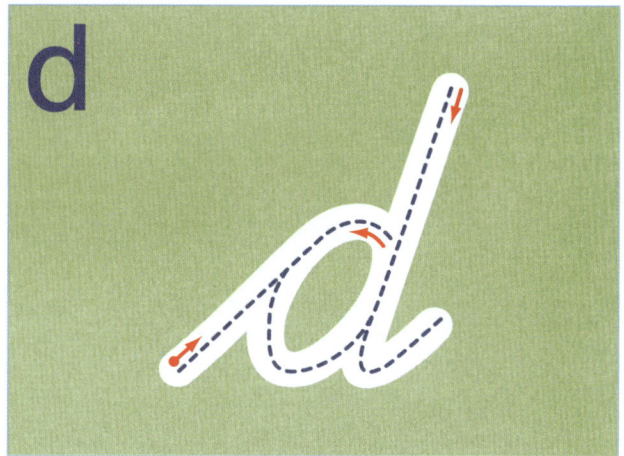

D D D

d d d d

Da Da

da da

2.

Dame   Dame

Dame   Dame

Dino   Dino

Dino   Dino

Pudel   Pudel

Pudel   P   Pudel

Daumen   Daumen

Daumen   Daumen

3. Ergänze den fehlenden Artikel. Vergleiche mit einem Partner.

Mia und Mio malen ... Dino.

1. Nachspuren und schreiben
2. Mit zwei Farben nachspuren und schreiben
3. Fehlenden Artikel ergänzen, Satz mit zwei Farben schreiben und mit einem Partner vergleichen

t

1.

t   *t*   *t*   *t*   .   .   *t*

ta   *ta*

tu   *tu*

2.

Betten
Betten

Boot
Boot

Noten
Noten

Hut
Hut

3. mit   mit

mit mit   *mit*

Otto   Otto

Otto   *Otto*

Auto   Auto

Auto   *Auto*

4. *Otto malt den tollen Dino.*

1. Nachspuren und schreiben
2. Nachspuren, bei zweisilbigen Wörtern mit zwei Farben
3. Nachspuren und schreiben, bei zweisilbigen Wörtern mit zwei Farben
4. Satz in Schreibschrift und mit zwei Farben schreiben

$\mathcal{T}$

1.

$\mathcal{T}$ $\mathcal{T}$ $\mathcal{T}$ $\mathcal{T}$ $\mathcal{T}$ $\mathcal{T}$ $\mathcal{T}$ $\mathcal{T}$

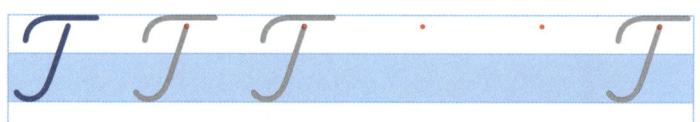

T

$\mathcal{T}$ $\mathcal{T}$ $\mathcal{T}$ $\mathcal{T}$

$\mathcal{Ta}$ $\mathcal{Ta}$ $\mathcal{Ta}$

$\mathcal{To}$ $\mathcal{To}$ $\mathcal{To}$

2.

Tan**ne** Tan**ne**

$\mathcal{Tanne}$ $\mathcal{Tanne}$

Ton**ne** Ton**ne**

$\mathcal{Tonne}$ $\mathcal{Tonne}$

Tin**te** Tin**te**

$\mathcal{Tinte}$ $\mathcal{Tinte}$

Tan**te** Tan**te**

$\mathcal{Tante}$ $\mathcal{Tante}$

3.

na — $\mathcal{Tina}$ Au

Ti — to

mo   Ot

1. Nachspuren und schreiben
2. Mit zwei Farben nachspuren und schreiben
3. Silben verbinden und mit zwei Farben nachspuren und schreiben

1.

N N N N

N  N N. . N

Na . Na

Ne Ne . Ne

2.

Nest
Nest

Nagel
Nagel

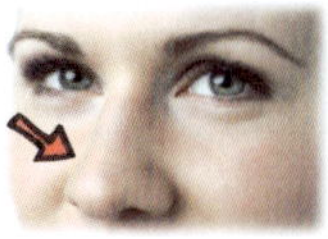

Nase
Nase

Nüsse
Nüsse

Name
Name . Name

3.

Nena   e → i

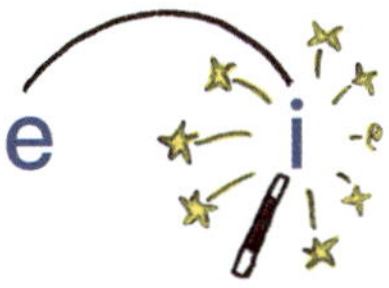

Nadel   a → u

4. Nena und Nele malen Noten.

1. Nachspuren und schreiben
2. Mit zwei Farben nachspuren und schreiben
3. Zauberwörter finden: Nachspuren, Buchstaben tauschen und mit zwei Farben schreiben
4. Satz in Schreibschrift und mit zwei Farben schreiben

15

M

1.

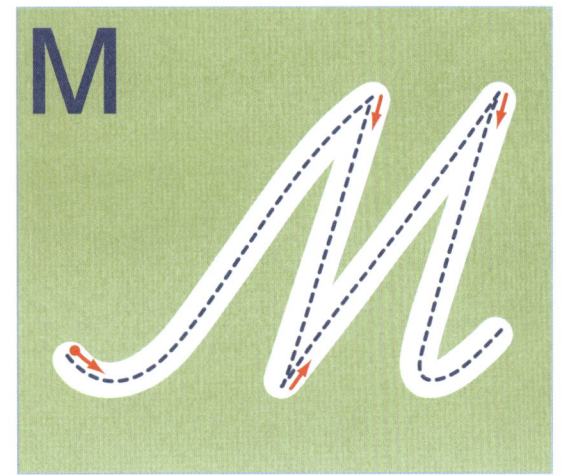

M

M M . M

Ma . Ma Ma

Me Me Me

2.

Mio · · · Mio

Mia · · Mia

Mimi · Mimi

Muli · Muli

3.

Mia

a o

Mama

a i

1. Nachspuren und schreiben
2. Mit zwei Farben nachspuren und schreiben
3. Zauberwörter finden: Nachspuren, Buchstaben tauschen und mit zwei Farben schreiben

$\mathcal{S}$

1.

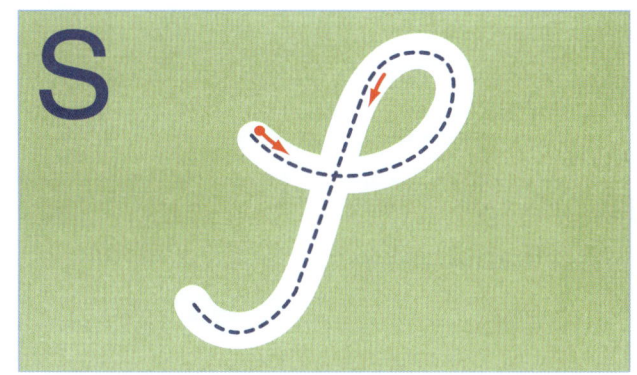

S $\mathcal{S}$

$\mathcal{S}$ $\mathcal{S}$ $\mathcal{S}$ · · $\mathcal{S}$

$\mathcal{L}a$ $\mathcal{L}a$ · $\mathcal{L}a$

$\mathcal{L}e$ $\mathcal{L}e$ · $\mathcal{L}e$

2.

Son**ne**   Son**ne**

Sonne · · *Sonne*

Sa**lat**   Sa**lat**

Salat · · *Salat*

Sand   Sand

Sand · · *Sand*

Sum**me**   Sum**me**

Summe · *Summe*

3.

len   da   San   Sa   mi   la

4.

Si**na**   den Sa**lat**.

Se**li**na   malt   die Son**ne**.

Si**mo**ne   den Sat**tel**.

1. Nachspuren und schreiben
2. Mit zwei Farben nachspuren und schreiben
3. Aus Silben Wörter bilden und mit zwei Farben schreiben
4. Sätze bilden und in Schreibschrift mit zwei Farben schreiben

17

1.

S · _s_

_s s s s s . . . s_

_sa sa . . . sa_

_se se . . . se_

2.

Ta**se** — Ta**se**

Tasse — _Tasse_

Ses**sel** — Ses**sel**

Sessel — _Sessel_

Do**se** — Do**se**

Dose — _Dose_

Na**se** — Na**se**

Nase — _Nase_

3. _die_ oder _das_ ? Entscheide selbst.

die Rose   _Haus_   _Auto_

Heft   _Maus_   _Radio_

4. ist oder sind? Vergleiche mit einem Partner.

Selina ⭐ im See. Simone ⭐ im Sattel.

Sina und Susi ⭐ am Sessel.

1. Nachspuren und schreiben
2. Mit zwei Farben nachspuren und schreiben
3. „die" oder „das" passend einsetzen und schreiben
4. „ist" oder „sind" passend einsetzen; in Schreibschrift mit zwei Farben schreiben; mit einem Partner vergleichen

R r

1.

R	R	R	R

Ra	Ra	Ra

Ro	Ro	Ro

r	r	r	r	r

re	re	re	re

ri	ri	ri	ri

2. Was passt? Ver**bin**de.

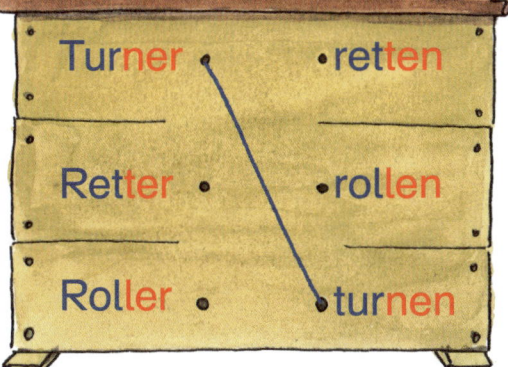

Tur**ner** • • **ret**ten

Ret**ter** • • **rol**len

Roll**er** • • **tur**nen

Turner – turnen

3. Wie ist das Rad? Kreu**ze** an.

○ rot ○ laut ○ ro**sa**

○ arm ○ nett ○ rund

4. Das Rad ist _____ und _____ .

1. Nachspuren und schreiben
2. Nomen und Verben verbinden; mit zwei Farben nachspuren und schreiben
3. Passende Adjektive ankreuzen
4. Passende Adjektive schreiben

19

1. b b b b b b b b

B B B B B
Ba Ba
Bi Bi Bi

b b b b
be be be
bu bu bu

2.

Birne · · Birne
Birne Birne

Brille · · Brille
Brille Brille

Rabe · · Rabe
Rabe Rabe

Tube · · Tube
Tube Tube

📓 **3.** Schreibe die Sätze auf: *Beate badet ...*

Beate im
badet See.

im
blieb
Sabine
Bus.

1. Nachspuren und schreiben
2. Mit zwei Farben nachspuren und schreiben
3. Sätze bilden; in Schreibschrift mit zwei Farben schreiben

1.

H   h

H H H   H   h h h h   h

Ha Ha   Ha   he he   he

Hu Hu   Hu   ho ho   ho

2.   Helm   Helm

Helm   Helm

Hemd   Hemd

Hemd   Hemd

3.   Hase   a → o   Hose

Hand   a → u

Hahn   a → u

4. Schreibe die vier Tiernamen von Aufgabe 3 so auf:

der Hase, ...

1. Nachspuren und schreiben
2. Nachspuren und schreiben
3. Zauberwörter finden: Nachspuren, Buchstaben tauschen und mit zwei Farben schreiben
4. In Schreibschrift mit zwei Farben schreiben

C c

1.

C

C

e e e e · · e

Ce Ce · Ce

Co Co · Co

x x x x · · x

ca ca · ca

cu cu · cu

2.

Cent

Cent

Cent

Cent

Comic

Comic

Comic

Comic

3. Ver**bin**de.
Schrei**be** auf.

Cornelia •

• liest •
• cremt •

• die Haut ein.
• den Co**mic**.

4. Was macht Cor**ne**lia noch?

Cornelia ...

1. Nachspuren und schreiben
2. Mit zwei Farben nachspuren und schreiben
3. Sätze bilden und mit zwei Farben schreiben
4. Weitere Sätze in Schreibschrift mit zwei Farben schreiben

1.

Ch ch

Ch   Ch   Ch

ch   ch   ch

Cha   Cha

che che   che

2.

Chor   Chor

Chor   *Chor*

Dach   Dach

Dach   *Dach*

3.

Nacht
Drachen   tauchen   Becher   suchen   rechnen

Nomen   Verben

Nacht

4. Schreibe zu jedem Verb von Aufgabe 3 einen Satz: *Chris rechnet* …
Kontrolliere die Sätze mit einem Partner und vergleicht sie in der Klasse.

1. Nachspuren und schreiben
2. Nachspuren und schreiben
3. Nomen und Verben zuordnen; mit zwei Farben nachspuren und schreiben
4. Weitere Sätze in Schreibschrift mit zwei Farben schreiben; mit einem Partner austauschen und in der Gruppe vorstellen

1.

Sch

Sch

sch

sch

| Sch Sch | Sch |
| sch sch | sch |

| Scha | Scha |
| sche | sche |

2.

Schlitten · Schlitten

Schlitten · Schlitten

Schere · Schere

Schere · Schere

Tasche · Tasche

Tasche · Tasche

3. Wer macht was?

 schnurren · schnauben · schnattern · schlottern

4. Schreibe auf, was du alles machst: *schnorcheln*, …

 Vergleiche mit einem Partner und stellt in der Klasse vor.

1. Nachspuren und schreiben
2. Mit zwei Farben nachspuren und schreiben
3. Verben zuordnen und mit zwei Farben schreiben
4. Weitere Wörter in Schreibschrift mit zwei Farben schreiben, mit einem Partner austauschen und in der Gruppe vorstellen

1.

E

E E E E E E

E E E E E

Ela Ela Ela

Emil Emil

2.

Esel Esel

Esel Esel

Elch Elch

Elch Elch

Emu Emu

Emu Emu

Ente Ente

Ente Ente

3. Bilde neue Wörter:

Nuss   Erde → Teil   Beere
Boden   Beben

Erdnuss

4. Schreibe diesen und weitere Sätze mit E auf:

Emil erntet rote Erdbeeren. ...

1. Nachspuren und schreiben; zweisilbige Wörter mit zwei Farben nachspuren und schreiben
2. Mit zwei Farben nachspuren und schreiben
3. Zusammengesetzte Wörter bilden und mit zwei Farben schreiben
4. Diesen und weitere Sätze in Schreibschrift mit zwei Farben schreiben

Ei ei

1.

Ei

Ei Ei Ei

Eis Eis Eis

ei

ei ei ei

ein ein ein

2.

Ei**mer** Ei**mer**

Eimer Eimer

ei**len** ei**len**

eilen eilen

3. ein **o**der eine? Vergleiche mit ei**n**em Part**n**er.

Tasse 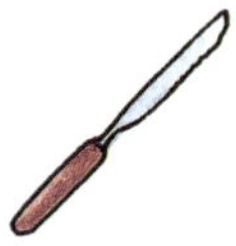 Messer

Teller  Schale

4.

Riese ie → ei

Biene ie → ei

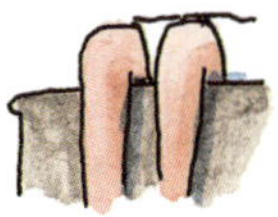

Schiene ie → ei

1. Nachspuren und schreiben
2. Mit zwei Farben nachspuren und schreiben
3. „ein" oder „eine" passend schreiben und mit zwei Farben nachspuren und mit einem Partner vergleichen
4. Zauberwörter finden: Nachspuren, Buchstaben tauschen und mit zwei Farben schreiben

1.

Eu · · eu

Eu Eu Eu · eu eu · eu

Eule · Eule neu · neu

2.

Euro · · · Euro

Euro Euro

Scheune · Scheune

Scheune Scheune

3.

Eile · Ei ★ Eu-e

Scheine · ei ★ eu-e

nein · ei ★ eu-e

4. Verbinde und schreibe auf.

heu •

• te

Beu •

1. Nachspuren und mit zwei Farben schreiben
2. Mit zwei Farben nachspuren und schreiben
3. Zauberwörter finden: Nachspuren, Buchstaben tauschen und mit zwei Farben schreiben
4. Silben verbinden und Wörter in Schreibschrift mit zwei Farben schreiben

L

1. *L L L L L L* · · · ·

L

L L L L L L

L L L · *L*

La La La

2.

Laterne

Laterne · Laterne *Laterne*

Leute

Leute · · Leute *Leute*

Leiter

Leiter · · Leiter *Leiter*

3. Schreibe nur die Tiernamen auf.

Licht
Lamm
Lama
Loch
Lehrerin
Lerche
Laus
Land

Lamm · *Lamm*

4. Schreibe die übrigen Wörter aus Aufgabe 3 mit Artikel auf.

das Licht, ...

1. Nachspuren und schreiben
2. Mit zwei Farben nachspuren und schreiben
3. Tiernamen finden und mit zwei Farben nachspuren und schreiben
4. Übrige Wörter in Schreibschrift mit zwei Farben schreiben

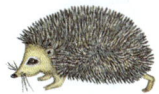

1. I I I I I I I

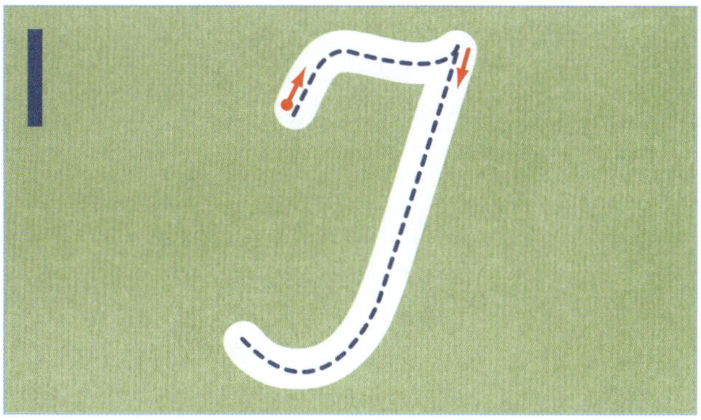

I I I I I I

Ida Ida

Iris Iris

2.

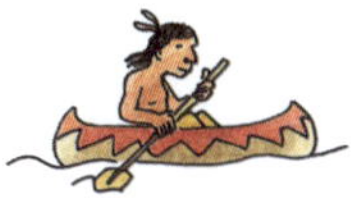

Indianer Indianer

Indianer Indianer

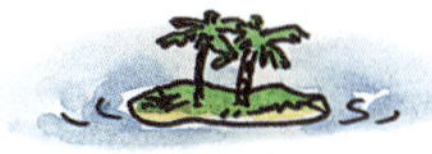

Insel Insel

Insel Insel

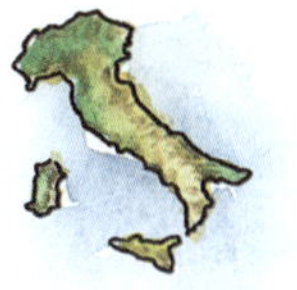

Italien Italien

Italien Italien

3.

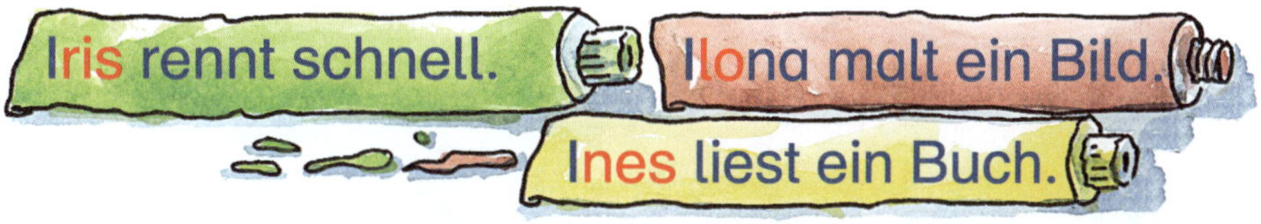
Iris rennt schnell.
Ilona malt ein Bild.
Ines liest ein Buch.

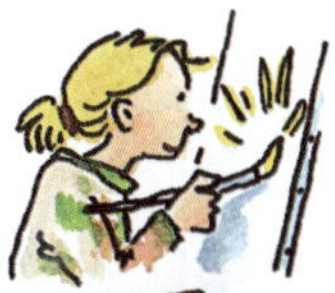

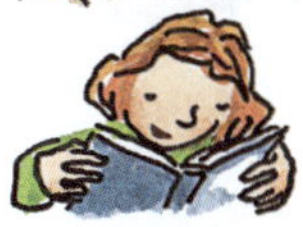

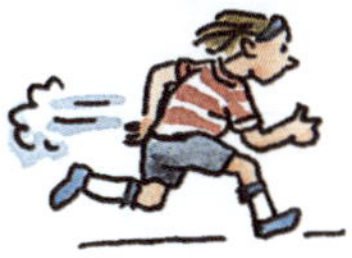

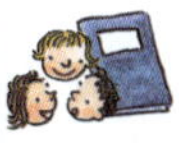

4. Schreibe auf, was du gerne machst. Ich ...
Vergleiche mit einem Partner und stellt in der Klasse vor.

1. Nachspuren und mit zwei Farben schreiben
2. Mit zwei Farben nachspuren und schreiben
3. Sätze zuordnen und mit zwei Farben schreiben
4. Weitere Sätze in Schreibschrift mit zwei Farben schreiben, mit einem Partner austauschen und in der Gruppe vorstellen

J j

1.

J	j
Ja	ja
Je	ju

2.

Judo   Judo

Judo

jubeln   jubeln

jubeln

3. Kreuze an. Vergleiche mit deinem Partner.   richtig   falsch

Im Juni schneit es.   ○   ○

Im Januar schneit es.   ○   ○

Ein Jahr hat neun Monate.   ○   ○

Herbst ist im Juli.   ○   ○

Ali und Ines machen Judo.   ○   ○

4. Schreibe die richtigen Sätze von Aufgabe 3 auf.

1. Nachspuren und schreiben
2. Mit zwei Farben nachspuren und schreiben
3. Leseverständnis; Lösung mit dem Partner vergleichen
4. Sätze in Schreibschrift und mit zwei Farben schreiben

G g

1.

G G G G G G G G

G	g
G G G · · G	g g g g · · g
Ga Ga Ga	ge ge · · ge
Gi Gi · Gi	go go · go

2.

Garn | Garn

Garn | Garn

Gei**ge** | Gei**ge**

Geige | Geige

3.

Glas

Geld

Gabel

l · r-e

e · o-e

a · ie-e

📘 **4.** Schrei**be** die**sen** und wei**tere** Sä**tze** mit G g in Schreib**schrift** auf:

Gi**s**ela und Ga**b**i gri**ll**en im Gar**ten**. …

1. Nachspuren und schreiben
2. Mit zwei Farben nachspuren und schreiben
3. Zauberwörter finden: Nachspuren, Buchstaben tauschen und mit zwei Farben schreiben
4. Diesen und weitere Sätze in Schreibschrift mit zwei Farben schreiben

K k

1.

k k k k k k k . . . .

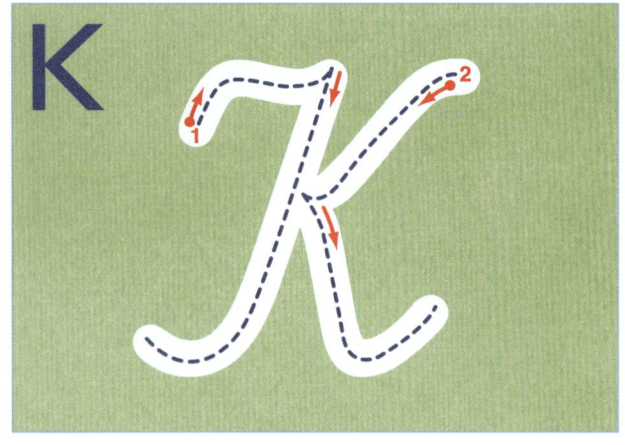

K

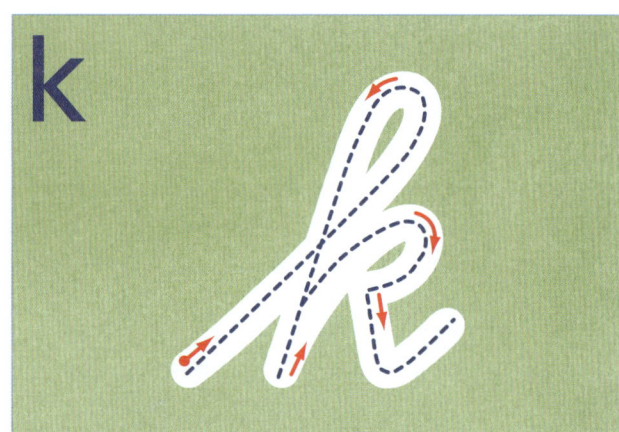

k

K K K . . K

Ke Ke . . Ke

k k k k . . k

ko ko . . ko

2.

Kir**schen**   Kir**schen**

 Kirschen   Kirschen

Kis**te**   Kis**te**

 Kiste   Kiste

3. Ko**a**las   krei**schen**   Kro**k**o**d**i**le**   Ka**k**a**d**us   klet**tern**   krie**chen**

 Die Kakadus kreischen.

1. Nachspuren und schreiben
2. Mit zwei Farben nachspuren und schreiben
3. Sätze bilden und in Schreibschrift mit zwei Farben schreiben

ck

1.

ck ck . . ck

ck ck . . ck

dick . . dick

Jacke Jacke

2. Verbinde.

Schnecke

3. Schreibe die Reimwörter untereinander.

backen Glocke Ecke hacken Socke
Decke Schnecke knacken Locke

Glocke

4. Schreibe weitere lustige Sätze auf, wie zum Beispiel:

Schicke Locken hocken unter der dicken Decke.

Vergleiche mit einem Partner und stellt in der Klasse vor.

1. Nachspuren und mit zwei Farben schreiben
2. Aus Silben Wörter bilden und mit zwei Farben schreiben
3. Reimwörter zuordnen und mit zwei Farben schreiben
4. Diesen und weitere Sätze in Schreibschrift mit zwei Farben schreiben, mit einem Partner austauschen und in der Gruppe vorstellen

33

P p

1.

P · P

p · p

Pa Pa · Pa

pa pa · pa

2.

Papagei — Papagei

Papagei — Papagei

Pappe — Pappe

Pappe — Pappe

Raupe — Raupe

Raupe — Raupe

3. Schreibe nur die Tiernamen auf.

Pudel
Papagei   Puppe
Panther   Pulli
Paprika   Panda
Puma
Pinguin   Pult

Pudel

4. Schreibe zu den übrigen Nomen aus Aufgabe 3 jeweils einen Satz.

1. Nachspuren und schreiben
2. Mit zwei Farben nachspuren und schreiben
3. Tiernamen finden und mit zwei Farben schreiben
4. Sätze in Schreibschrift mit zwei Farben schreiben

1.

Sp   *Sp* .... *Sp*   sp   *sp* .... *sp*

Spa .... *Spa*   *spe* .... *spe*

2. Sport   Sport

Sport .... *Sport*

spre**chen**   spre**chen**

sprechen .... *sprechen*

3.   Spie**gel**ei**er** mit Speck

      Spie**gel**ei**er** mit Spi**nat**

Spa**ghet**tieis

Spi**nat**suppe

Ba**na**nen**split**

Menü

Vor**spei**se

Haupt**spei**se

Nach**tisch**

1. Nachspuren und schreiben
2. Mit zwei Farben nachspuren und schreiben
3. Menü auswählen und in Schreibschrift mit zwei Farben schreiben

St st

1.

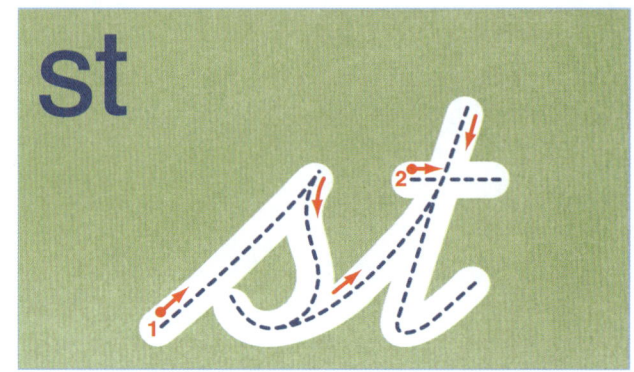

St · *St* · · · *St*   *st* *st* · · · *st*

Sta *Sta* · · *Sta*   *ste* *ste* · · *ste*

2.

Stun**de**   Stun**de**

Stunde · · · *Stunde*

stel**len**   stel**len**

stellen · · *stellen*

3. *Sp sp* oder *St st* ?

Vier No**men** und vier Ver**ben** sind ver**steckt**.

eine   ort   in**ne**   **e**hen

eigen   **a**ren   ern   ie**len**

Sp sp   *St st*

4. Schrei**be** al**le** Ver**ben** von Auf**ga**be 3 auf: *sparen*, …

Ver**g**lei**che** mit ei**nem** Part**ner**.

1. Nachspuren und schreiben
2. Mit zwei Farben nachspuren und schreiben
3. Wörter bilden mit Sp sp oder St st und passend schreiben
4. Verben in Schreibschrift mit zwei Farben schreiben und mit einem Partner vergleichen

36

F f

1.

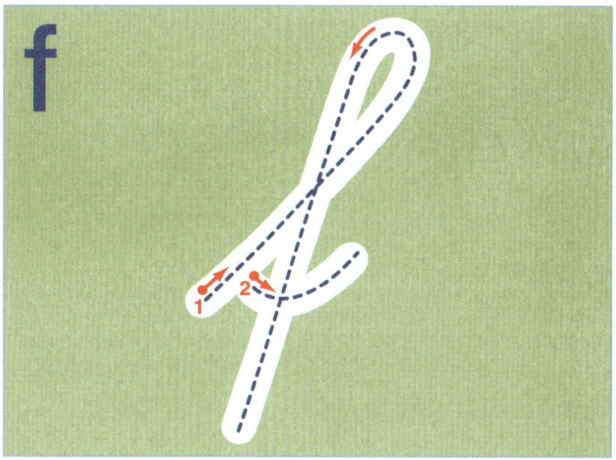

F F · · · · · · · F   f f · · · · · · · f

Fa Fa · · · · · Fa   fe fe · · · · · fe

2.

Frau   Frau

Frau · · · · Frau

Schif**fe**   Schif**fe**

Schiffe · · Schiffe

3. Was passt? Ver**bin**de.

feh**len**
fah**ren**
fei**ern**
feu**ern**
fei**len**
freu**en**
fe**gen**
an**freun**den

Fe**ger**
Fei**er**
Feu**er**
Fei**le**
Feh**ler**
Fahrt
Freun**de**
Freu**de**

4. Schrei**be** so auf: *fehlen – der Fehler*

1. Nachspuren und schreiben
2. Mit zwei Farben nachspuren und schreiben
3. Verben und Nomen verbinden
4. Verben und Nomen aus Aufgabe 3 in Schreibschrift mit zwei Farben schreiben

37

𝒫𝒻 𝓅𝒻

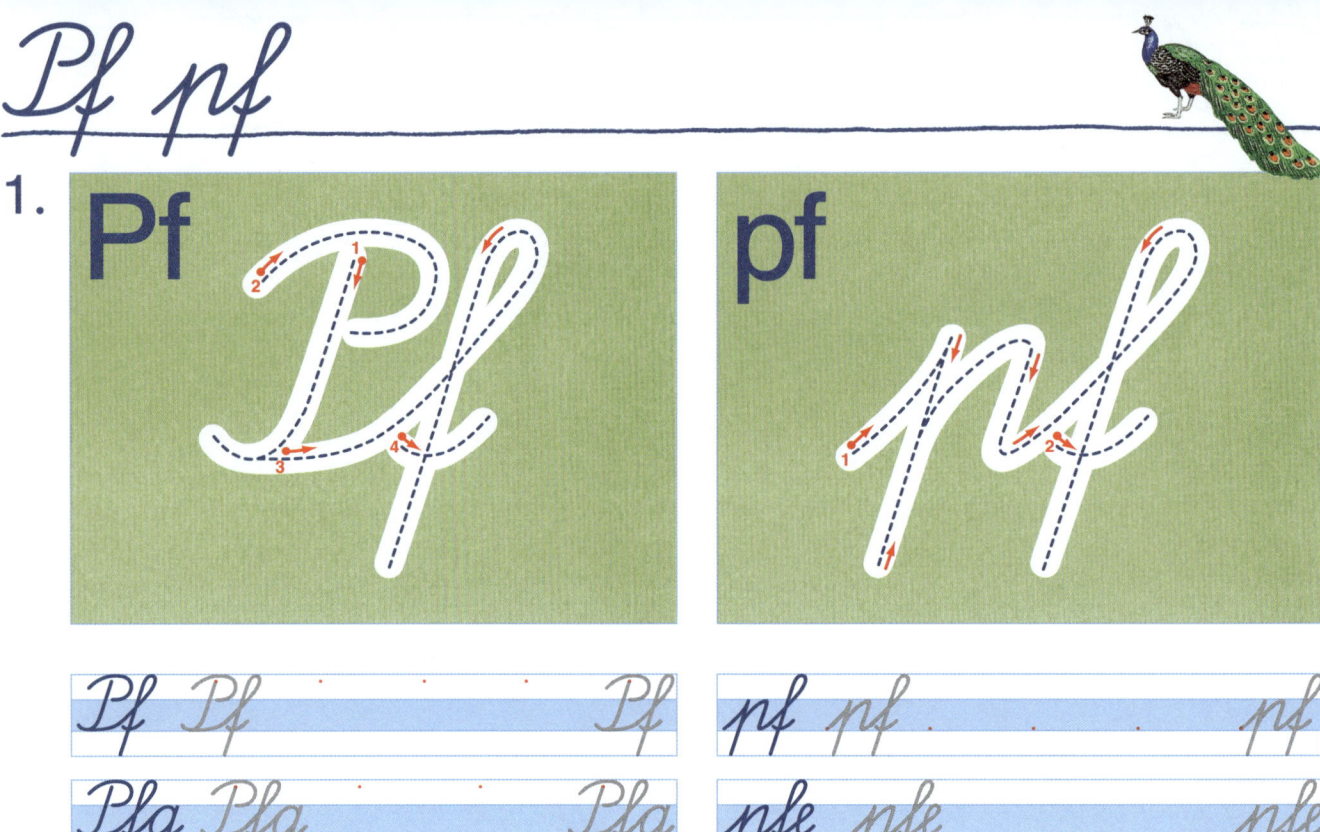

1.

Pf   pf

Pf Pf   Pf   pf pf   pf

Pfa Pfa   Pfa   pfe pfe   pfe

2.

Pfei**fe**   Pfei**fe**

Pfeife   Pfeife

Kopf   Kopf

Kopf   Kopf

3. 𝓕 oder 𝒫𝒻 ?

anne	euer
isch	erd
au	liege

4. Setze die Wörter zusammen: *der Apfelkuchen, …*

Ku**chen** ←   → Mus

Saft ←   → Kom**pott**

38

1. Nachspuren und schreiben
2. Mit zwei Farben nachspuren und schreiben
3. Wörter bilden mit F f oder Pf pf und passend schreiben
4. Zusammengesetzte Wörter bilden und in Schreibschrift mit zwei Farben schreiben

$\mathcal{V}$ v

1.

V $\mathcal{V}$

V v

$\mathcal{V}$ $\mathcal{V}$ · · · · $\mathcal{V}$

v v · · · · v

$\mathcal{V}o$ $\mathcal{V}o$ · · $\mathcal{V}o$

ve ve · · ve

2.

Vogel · Vater · Lava · Klavier · Vase · Vulkan

3.

ver-
vor-
lassen

ver-
vor-
sprechen

verlassen

4. Schreibe diese und weitere Sätze mit V v in Schreibschrift auf:
Vera verkleidet sich als Vampir. Veit verliert viele Stifte.
Verena versteckt sich auf der Veranda. …

1. Nachspuren und schreiben
2. Wörter passend mit zwei Farben schreiben
3. Verben mit Wortbaustein „ver-" oder „vor-" mit zwei Farben schreiben
4. Sätze in Schreibschrift mit zwei Farben schreiben

W w

1.

W   w

| W W ⸱ ⸱ ⸱ W | w w ⸱ ⸱ ⸱ w |
| Wa Wa ⸱ ⸱ Wa | we ⸱ ⸱ ⸱ we |

2.

Wiese   Wasser   Lawine   Wanne   Wolke   Wolf

3. Was passt?   Wespen   Wal   Welpen

Der   schwimmt im Meer.

Hundekinder nennt man   .

          sind Insekten.

4. Schreibe die Sätze von Aufgabe 3 ab.

1. Nachspuren und schreiben
2. Wörter passend mit zwei Farben schreiben
3. Nomen passend einsetzen und nachspuren
4. Sätze in Schreibschrift mit zwei Farben schreiben

Z z

1.

Z

Z

z

z

Z Z · · · · Z
Za Za · · · Za

z z · · · · z
ze ze · · · ze

2. Ze**tt**el   Ze**br**a   zehn   Zi**eg**e   Zahn   Za**ub**erer

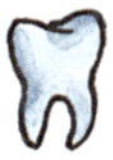

3.

Zirkus → Zelt → Tiere → Wagen

Zirkuszelt

4. Schrei**be** di**es**en und wei**te**re Sät**ze** mit Z z in Schreib**schrift** auf:
Zehn zah**me** Zi**eg**en zo**g**en zehn Zent**ner** Zucker zum Zoo. …

1. Nachspuren und schreiben
2. Wörter passend mit zwei Farben schreiben
3. Zusammengesetzte Wörter bilden und mit zwei Farben schreiben
4. Diesen und weitere Sätze in Schreibschrift mit zwei Farben schreiben

41

tz

1.

tz

tz *tz* . . . *tz*

Spatz — *Spatz*

Katze — *Katze*

Blitz — *Blitz*

2.

Spritze Pfütze Hitze Netze Witze Tatze Mütze Glatze

3.

Schatz Satz Blitz Schlitz schnitzen spritzen sitzen Fritz Latz

Immer drei Wörter reimen sich.

Schatz

4. Schreibe zu jedem Verb aus Aufgabe 3 einen Satz, zum Beispiel:

Die Kinder ritzen Herzen in das Holz.

1. Nachspuren und mit zwei Farben schreiben
2. Wörter passend mit zwei Farben schreiben
3. Reimwörter zuordnen und mit zwei Farben schreiben
4. Sätze in Schreibschrift mit zwei Farben schreiben

42

U u

1.

𝒰 𝒰ㅤㅤㅤㅤㅤㅤ𝒰

Uhr UhrㅤㅤㅤUhr

Uhu Uhu

Uli Uli

2.

Urkunde ㅤ Ufo

Ufer ㅤㅤ Urlaub

3.

 ㅤㅤ

Sinn ㅤ der Sinn ㅤ der Unsinn

Un

• Recht

• Ruhe

• Kraut

4. Urs und Uli umarmen Ursula unter Ulmen.

5. Schreibe selbst einen Zungenbrecher mit U u.
Vergleiche mit einem Partner und stellt in der Klasse vor.

1. Nachspuren und mit zwei Farben schreiben
2. Wörter passend mit zwei Farben schreiben
3. Gegensatzpaare mit zwei Farben schreiben
4. Satz schreiben
5. Zungenbrecher in Schreibschrift und mit zwei Farben schreiben, mit einem Partner austauschen und in der Gruppe vorstellen

Y y

1.

Y Y · · · · Y   y y. · · · · · · y

Yo Yo · · Yo   by by. · · · by

2.

Baby   Yoga   Yak   Pony

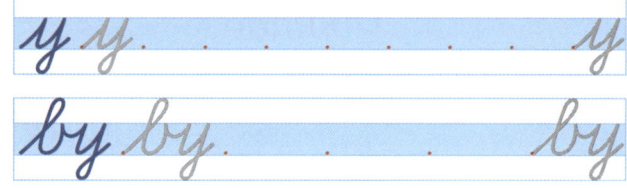

3.

ra   mi   de   mo   Dy   rinth   by   O   a
    Py   na   La   pi   lym

4. Finde immer mindestens zwei Wörter.

Y wie in Yak: Yeti, ...
y wie in Dynamo: ...
y wie in Pony: ...

1. Nachspuren und schreiben
2. Wörter passend mit zwei Farben schreiben
3. Aus Silben Wörter bilden und mit zwei Farben schreiben
4. Wörter in Schreibschrift mit zwei Farben schreiben

44

𝒳 𝓍

1.

X 𝓍 𝓍 𝓍

X 𝓍 𝓍 𝓍

𝒳 𝒳 · · · · · 𝒳

𝒳𝒶 𝒳𝒶 𝒳𝒶

𝓍 𝓍 · · · · · · 𝓍

𝓍𝒆 𝓍𝒆 𝓍𝒆

2.

Mi**xer**   X**y**lofon   He**xe**   Ta**xi**

3.

Suppe   Haus   Hut   Be**s**en

𝐻𝑒𝓍𝑒𝓃𝒽𝒶𝓊𝓈

🎵 **4.** Was ver**hext** Hexe Trixi?

Schrei**be** wei**t**ere Sä**tze** und ver**gle**iche mit ei**nem** Part**ner**, zum Bei**spiel**: *𝐻𝑒𝓍𝑒 𝒯𝓇𝒾𝓍𝒾 𝓋𝑒𝓇𝒽𝑒𝓍𝓉 𝒹𝑒𝓃 𝐵𝑒𝓈𝑒𝓃.*

1. Nachspuren und schreiben
2. Wörter passend mit zwei Farben schreiben
3. Zusammengesetzte Wörter bilden und mit zwei Farben schreiben
4. Sätze in Schreibschrift mit zwei Farben schreiben

Qu qu

1.

Qu

qu

Qu Qu · · Qu | qu qu · · · qu

Qua · Qua | qui qui · qui

2. Quark Quadrat qualmen Aquarium

 Aquarium

3.

schwimmen Die Fische im Aquarium.

Quartett. Die Kinder spielen

 Die Ferkel im Stall. quieken

4. Schreibe weitere Wörter mit Qu qu auf.

Vergleiche mit einem Partner und stellt in der Klasse vor.

1. Nachspuren und schreiben
2. Wörter passend mit zwei Farben schreiben
3. Sätze bilden und mit zwei Farben schreiben
4. Wörter in Schreibschrift mit zwei Farben schreiben; mit einem Partner austauschen und in der Gruppe vorstellen

nk ng

1.

nk nk · · nk   ng ng · · ng

Bank · Bank   eng · · eng

2. nk oder ng ?

Schra__e   Schla__e   Fi__er   A__er   E__el   Ri__

3. Verbinde.

Der Junge •————————• singt •————• langsam herunter.

Der Onkel •   • bringt •————• vor dem Vorhang.

Die Schranke •   • sinkt •   • eine Angel mit.

4. Schreibe die Sätze von Aufgabe 3 auf.

1. Nachspuren und schreiben
2. Wörter passend mit zwei Farben schreiben
3. Sätze bilden
4. Sätze in Schreibschrift mit zwei Farben schreiben

ß

1.

ß	ß	·	·	·	ß
groß			·		groß
weiß		·		weiß
heiß		·		heiß

2.

Soße — Soße

Soße

Strauß — Strauß

Strauß

3.

Ruß   reißen   Gruß   gießen   heißen

schießen   Fuß   beißen   fließen

Immer drei Wörter reimen sich.

Ruß

4. Ich heiße _____ .

Meine Mama heißt _____ .

Mein Papa heißt _____

5. Schreibe die Sätze von Aufgabe 4 auf.

1. Nachspuren und mit zwei Farben schreiben
2. Wörter mit zwei Farben nachspuren und schreiben
3. Reimwörter zuordnen und mit zwei Farben schreiben
4. Namen mit zwei Farben schreiben
5. Sätze in Schreibschrift mit zwei Farben schreiben

chs

1.

chs

chs . . . . chs

sechs . . . sechs

Wachs Wachs

Echse Echse

2.

Fuchs F ✦L-e _____

Lachs L D-e _____

Ochse O A-e _____

3. Verbinde.

Der Luchs ist • • eine Raubkatze.

Der Lachs ist • • ein Rind.

Der Ochse ist • • ein Fisch.

Schreibe die Sätze.

_____

_____

_____

4. Was ist ein Dachs? Schreibe auf.

Vergleiche mit einem Partner und stellt in der Klasse vor.

1. Nachspuren und mit zwei Farben schreiben
2. Zauberwörter finden: Nachspuren, Buchstaben tauschen und mit zwei Farben schreiben
3. Sätze bilden und mit zwei Farben schreiben
4. Sätze in Schreibschrift und mit zwei Farben schreiben, mit dem Partner austauschen und in der Gruppe vorstellen

ai

1.

ai

ai ai . . . . ai
Hai Hai . Hai
Mai . Mai
Mais . Mais

2.

Saite   Laib   Kai   Kaiser

3. Schreibe die Sätze in Schreibschrift. Ergänze die fehlenden Wörter.

Mai   Hai   Kaiser   Saiten

Der 🥑 regiert ein Reich.
Der 🥑 hat eine Rückenflosse.
Die Geige hat vier 🥑.
Der 🥑 ist der fünfte Monat.

4. Schreibe zusammengesetzte Wörter mit Mai auf.

der Maikäfer, der Maibaum, ...

1. Nachspuren und schreiben
2. Wörter passend mit zwei Farben schreiben
3. Sätze in Schreibschrift und mit zwei Farben schreiben
4. Zusammengesetzte Wörter in Schreibschrift und mit zwei Farben schreiben

50

Ä ä

1.

Ä

ä

Ä Ä . . . . Ä

ä ä . . . . ä

Ähre . . . . . . Ähre

Bär Bär . . . Bär

2. Aus *a* wird *ä*.

Ast | Rad | Gras | Apfel

ein Apfel   viele Äpfel

3. Finde die passenden Verben.

Nomen	Verben
Farben	färben
Bäcker	
Fähre	
Zahl	

1. Nachspuren und mit zwei Farben schreiben
2. Mehrzahl bilden und mit zwei Farben schreiben
3. Nomen nachspuren, passende Verben finden und mit zwei Farben schreiben

51

Äu äu

1.

Äu

äu

Äu Äu . . Äu

äu äu . . äu

2.

Säu**len** — Säu**len**

Läulen — *Läulen*

Räu**ber** — Räu**ber**

Räuber — *Räuber*

Läu**fer** — Läu**fer**

Läufer — *Läufer*

Daumen — Haus — Maus — Baum

3. Aus groß wird klein.

Daumen — *Däumchen*

4. | Zaun | Schlauch | Bauch | Traum | Maus | Laus | Haus | Faust |

Schrei**be** so: *ein Zaun – viele Zäune*

1. Nachspuren und schreiben
2. Mit zwei Farben nachspuren und schreiben
3. Verkleinerung bilden und mit zwei Farben schreiben
4. Mehrzahl bilden und in Schreibschrift mit zwei Farben schreiben

1.

Ö | Ö

Ö Ö · · · · Ö

Öl Öl · · Öl

Öse Öse · · Öse

ö ö · · · · · ö

Löwe Löwe

König König

2.

Knopf   Ofen   Ton   Topf

ein Ofen | *viele Öfen*

3. Schreibe die Sätze auf und ergänze die Verben.
Vergleiche mit deinem Partner.

Mia ⟳ der Lehrerin zu. Ben ⟳
die Mitschüler. Mio ⟳ sein Heft.
Lisa ⟳ nach der langen Wanderung.

hört
stört
stöhnt
verschönert

1. Nachspuren und mit zwei Farben schreiben
2. Mehrzahl bilden und mit zwei Farben schreiben
3. Sätze in Schreibschrift und mit zwei Farben schreiben

Ü ü

1. Ü ü

Ü Ü · · · · · Ü   ü ü · · · · · ü

2.

Tür   Tür

Tür · · · · ·

Überraschung   Überraschung

Überraschung ·

3. Aus groß wird klein.

eine Suppe   *ein Süppchen*

Im Riesenland

Der Riese isst seine ⟨Suppe⟩ in der Küche.

Dann schlägt die ⟨Uhr⟩ zweimal.

Er setzt seinen ⟨Hut⟩ auf.

Nun geht er mit seinem ⟨Hund⟩ in den Garten.

4. Wie lautet die Geschichte im Zwergenland?

Der Zwerg isst sein Süppchen.

1. Nachspuren und schreiben
2. Mit zwei Farben nachspuren und schreiben
3. Verkleinerung bilden und mit zwei Farben schreiben
4. Geschichte in Schreibschrift und mit zwei Farben schreiben

54

Schreibtexte

Nach **Ei/ei** *(ab Seite 26)*

Besuch bei Tante Nora

Sina besucht Tante Nora.
Sie bauen einen hohen Turm.
Dann basteln sie Blumen und malen ein Bild.
Bei Tante Nora ist es toll!

Nach **G/g** *(ab Seite 31)*

Im Garten

Tims Eltern haben einen Garten mit einem Teich.
Im Sommer badet Tim darin.
Die Eltern ernten Birnen und Johannisbeeren.
Nach der Arbeit grillen sie gemeinsam.

Nach **F/f** *(ab Seite 37)*

Lesenacht

Es ist Abend.
Die Kinder der ersten Klasse sind in der Schule.
Sie lesen eine spannende Geschichte.
Auf einmal kommt ein kleines Gespenst herein.
Es stolpert – und Lisa steht ohne Laken da.
So ein Pech!

Schreibtexte

Nach **tz** *(ab Seite 42)*

Im Zoo

Tim und sein Vater besuchen den Zoo.
In der Ferne schreien laut die Pfauen.
Die Elefanten nehmen ein Staubbad in ihrem Gehege.
Zum Schluss gehen sie zu den Pferden
im Schlafanzug – den Zebras.

Nach **nk/ng** *(ab Seite 47)*

Hexe Trixi

Die kleine Hexe Trixi kauft einen Besen.
Nun will sie nach Hause fliegen.
Doch der Besen fliegt mit ihr kreuz und quer durch die Luft.
Nach einem wilden Ritt gelangt sie endlich nach Hause.

Nach **Ü/ü** *(ab Seite 54)*

Auf Lachsfang

Kai verbringt seine Ferien bei seinem Großvater in Kanada.
Sie wollen Lachse fangen,
die in ihr Laichgewässer zurückwandern.
Plötzlich hören sie ein lautes Brummen.
Auch ein Braunbär will Lachse fangen.

Schreibtexte in Schreibschrift abschreiben